DESCUBRAMOS PAÍSES DEL MUNDO

Descubramos RUSIA

Jillian Powell

Gareth Stevens Publishing

Please visit our website, www.garethstevens.com.
For a free color catalog of all our high-quality books,
call toll free 1-800-542-2595 or fax 1-877-542-2596.

Library of Congress Cataloging-in-Publication Data available upon request from publisher.

ISBN-13: 978-0-8368-8187-5 (lib.bdg.)
ISBN-13: 978-0-8368-8194-3 (softcover)

This edition first published in 2008 by
Gareth Stevens Publishing
111 East 14th Street, Suite 349
New York, NY 10003

First published in Great Britain in 2006 by Franklin Watts,
338 Euston Road, London NW1 3BH, United Kingdom.

Series editor: Sarah Peutrill
Art director: Jonathan Hair
Design: Storeybooks Ltd.
Picture research: Diana Morris

Gareth Stevens managing editor: Valerie J. Weber
Gareth Stevens editors: Barbara Kiely Miller and Dorothy L. Gibbs
Gareth Stevens art direction: Tammy West
Gareth Stevens graphic designers: Charlie Dahl and Dave Kowalski
Gareth Stevens production: Jessica Yanke

Spanish Edition produced by A+ Media, Inc.
Editorial Director: Julio Abreu
Chief Translator: Adriana Rosado-Bonewitz
Associate Editors: Janina Morgan, Bernardo Rivera, Rosario Ortiz
Graphic Design: Faith Weeks

Photo credits: (t=top, b=bottom, l=left, r=right, c=center)
Action Press/Rex Features: 21. AK/Keystone/Rex Features: 15. Heidi Bradner/Panos: 22. Bernd Ducke/Superbild/A1 Pix: 26. East News/Rex Features: 11. Christiane Eisler/Still Pictures: 19t. Pavel Filatov/Alamy: 7b. Sylvain Grandadam/Robert Harding PL/Alamy: 13, 23. ©Leslie Richard Jacobs/CORBIS: front cover. Kainulainen/Rex Features: 17t. Jacques Langevin/Sygma/Corbis: 1, 9. Gerd Ludwig/Visum/Panos: 17c. Buddy Mays/Corbis: 18b. Gideon Mendel/Corbis: 12. Mark Newman/Lonely Planet Images: 6. Oleg Prikhodko: 7t,18t,19b, 20, 27br, 27t. H.Saukkomaa/Rex Features: 16. Sipa Press/Rex Features: 14. Superbild/A1 pix: 4, 8, 10, 25. Superbild/Incolor/A1 pix: 24.

Printed in the United States of America

1 2 3 4 5 6 7 8 9 11 10 09 08 07

Contenido

Las palabras definidas en el glosario están impresas en **negritas** la primera vez que aparecen en el texto.

¿Dónde está Rusia?

Rusia es un país muy grande. Es parte de Europa en el este y de Asia en el norte. Es el país más grande del mundo.

Moscú, la capital de Rusia, está en la parte del oeste. Moscú tiene muchos edificios y plazas grandes y elegantes. Muchos palacios, iglesias y estatuas se encuentran dentro de las murallas del **Kremlin**.

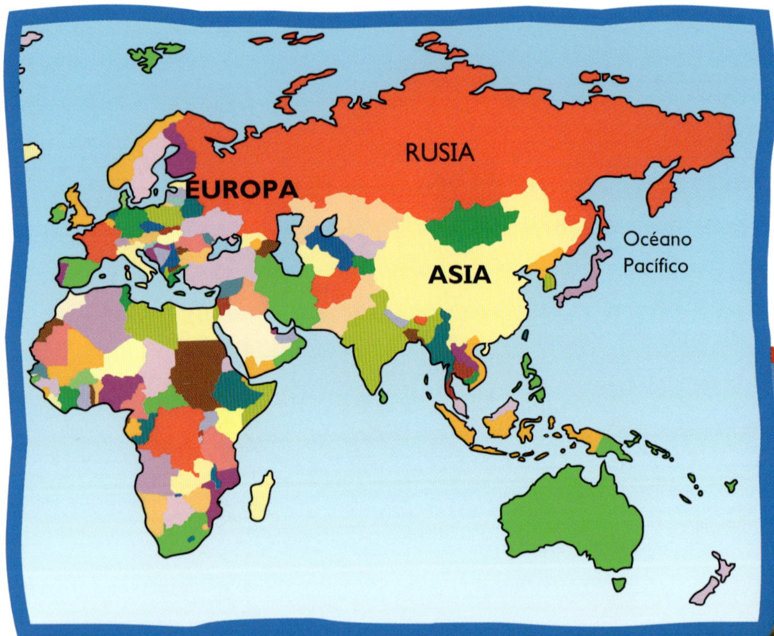

Las fronteras de Rusia van desde Europa en el oeste hasta el océano Pacífico en el este.

La Catedral de San Basilio en la Plaza Roja de Moscú tiene nueve capillas. Cada capilla tiene una cúpula en forma de cebolla.

La costa de Rusia toca el océano Glacial Ártico en el norte y el océano Pacífico en el este. Comparte fronteras con varios países de Europa y Asia.

¿Lo sabías?

Rusia es casi dos veces más grande que Estados Unidos.

En este mapa se muestran todos los lugares mencionados en este libro.

El paisaje

La tierra más al norte en Rusia es la tundra. Es plana, sin árboles y siempre está congelada bajo la superficie. Al sur de la tundra, la mayor parte del norte de Rusia es un bosque de **coníferas** llamado taiga. Rusia central también tiene grandes planicies llamadas estepas.

¿Lo sabías?

Rusia tiene casi una cuarta parte de los bosques del mundo.

La nieve y el hielo se derriten durante el corto verano de la tundra.

Las estepas rusas están cubiertas de pastizales y arbustos bajos.

Los montes más altos de Rusia son los Urales y los Cáucaso. Los Urales van de norte a sur y dividen la Rusia europea de la asiática. Los Cáucaso están en el suroeste. Rusia tiene algunos de los ríos más largos del mundo. También tiene miles de lagos incluyendo el Baikal, el más profundo del mundo.

Este pico nevado está en la parte norte de los montes Urales.

Clima y estaciones

La mayor parte de Rusia tiene dos estaciones principales: invierno y verano. Los inviernos son largos y fríos con mucha nieve y hielo. Las superficies de ríos y lagos se congelan y las temperaturas bajan a –22 °Fahrenheit (–30 °Celsius).

En el sur de Rusia, los veranos son cortos y calientes. Hace más calor en julio y agosto. Por lo general, llueve durante la corta primavera y al principio de los meses de verano.

La mayoría de los turistas visitan el Palacio de Verano en San Petersburgo entre junio y agosto, cuando Rusia es más cálida.

Los nenets son pastores de renos. Viven a lo largo de la costa ártica, una de las partes más frías de Rusia.

El norte de Rusia es más frío que el sur. Hasta los veranos son fríos a lo largo de la costa ártica. Siberia, un área muy grande en el norte, tiene un clima **subártico**. Las temperaturas bajan hasta los –94 °F (–70°C) en invierno.

¿Lo sabías?

La nieve en Rusia a veces es rosada o amarilla debido a la arena y la **contaminación** del aire.

La gente de Rusia

Más de 144 millones de personas viven en Rusia. La mayoría son rusos, pero hay más de cien **grupos étnicos**, incluyendo tártaros, ucranianos y chuvashos. Cada grupo tiene su propio idioma, **costumbres**, **trajes típicos** y música. Algunos viven en **repúblicas** que comparten su gobierno con Rusia. Sin embargo, a muchos les gustaría ser naciones independientes.

La gente del grupo étnico yakut cría ganado y caballos en Siberia. Esta mujer lleva el traje tradicional yakut.

¿Lo sabías?

A los bebés rusos a menudo les ponen nombres de **santos**. Los niños celebran su "día del ángel" al igual que su cumpleaños.

Estas mujeres rusas celebran la Navidad. Llevan imágenes religiosas, llamadas iconos que se usan cuando rezan.

La mayoría de los rusos son cristianos. Pertenecen a la iglesia ortodoxa rusa o a la católica romana. En Rusia también hay muchos **musulmanes** y judíos.

Escuela y familia

Los niños rusos tienen que comenzar la escuela a los 6 años. Muchos niños de menos edad con padres que trabajan, asisten a programas preescolares. El día escolar comienza a las 8:00 a.m. y termina al mediodía para los más jóvenes y a las 3:00 p.m. para los mayores. Pueden dejar de ir a la escuela a los 16 años.

Estos niños se divierten jugando fuera de su escuela.

Esta familia usa un samovar, una tetera rusa para hervir agua para el té.

La mayoría de los rusos tiene familias pequeñas con sólo uno o dos hijos. Los abuelos a menudo viven con la familia y ayudan con el trabajo de la casa y el cuidado de los niños.

¿Lo sabías?

En Rusia, los niños comen una tarta especial en lugar de pastel en su cumpleaños.

Vida rural

Cerca de una cuarta parte de los rusos, incluyendo tártaros, chuvashos y yakut vive en el campo. En el norte, la gente cría renos, caza y pesca. En el este, la gente cría ganado y caballos. En la taiga, mucha gente trabaja en la **industria forestal**, o en la industria maderera y en la producción de papel.

El algodón de Rusia se recolecta a mano.

Estas hierbas crecen en invernaderos de cristal. Al invernadero entra la luz solar pero protege las plantas del clima frío de Rusia.

Las granjas más grandes están en el oeste de Rusia. Los granjeros siembran trigo y cebada o crían ganado, ovejas o cerdos. El cultivo de semillas de girasol, remolacha azucarera, algodón y té es común en Rusia. Frutas y verduras crecen en el sur más cálido, pero en el noreste más frío se cultivan en invernaderos.

¿Lo sabías?

Los hámsters silvestres viven en la región de pastizales de la estepa rusa.

Vida urbana

La mayoría de los rusos vive en las ciudades. Las ciudades más grandes del país son Moscú y San Petersburgo.

Ambas ciudades tienen edificios históricos y grandes plazas abiertas junto a los altos y modernos edificios de oficinas y apartamentos.

¿Lo sabías?

Más de diez millones de personas viven en Moscú. Es la ciudad más grande de Europa.

Cuando se construyeron en la década de 1950, estos edificios cerca del río en Moscú eran los más altos de Europa.

Cada año, miles de personas visitan el Palacio de Santa Catalina y sus jardines en San Petersburgo.

La calle comercial principal de San Petersburgo a menudo está llena de gente.

Moscú tiene oficinas de gobierno, bancos, teatros, museos, tiendas y restaurantes. Muchas calles tienen quioscos o puestos, donde venden dulces, bebidas, galletas y revistas.

Las ciudades grandes tienen transporte público, incluyendo **tranvías**, **trolebuses** y trenes. La gente de Moscú, San Petersburgo y Nizhny Nóvgorod también usa trenes subterráneos.

Casas rusas

La mayoría de los rusos vive en apartamentos en los **suburbios** de pueblos y ciudades. Los apartamentos en general son pequeños. Las familias ricas también poseen casas de verano, o dachas, en el campo, donde pasan sus vacaciones.

Estos apartamentos al frente de la foto, están cerca de un área industrial.

Mucha gente cultiva frutas y verduras en sus dachas.

Esta cabaña tradicional tiene grabados en la parte superior de sus paredes y alrededor de las ventanas.

En el campo, las casas antiguas son de madera. Las cabañas tradicionales de troncos llamadas *izbas* se construyeron en aldeas cerca de una iglesia o capilla. Cada casa tiene grabados decorativos alrededor de puertas y ventanas. Muchas izbas tienen más de 300 años.

Estos coloridos grabados decoran una izba en la República de Karelia.

¿Lo sabías?

En Siberia, algunas personas viven en tiendas o yurts.

Comida rusa

Los platos tradicionales rusos incluyen borscht (sopa de remolacha), *shchee* (sopa de col), *pelmeni* (plato de pasta rellena de carne) y *blini* (crepas). Las comidas principales en general son pescado o carne servidas con papas o arroz y verduras **encurtidas**, como col o pepino.

La gente compra en supermercados y tiendas de comestibles. Hay mercados especiales que también venden alimentos frescos como pescado y carne.

En Rusia se acostumbra recibir a los invitados con pan y sal.

Los restaurantes de comida rápida en Rusia son populares especialmente entre los jóvenes.

En las ciudades la gente come en restaurantes chinos, franceses, italianos y japoneses al igual que en los que sirven platos rusos tradicionales. La comida rápida como hamburguesas, hot dogs y helados también son populares. Los quioscos callejeros venden bocadillos, incluyendo pastelillos de carne y verduras llamados *pirozhki* que pueden comerse calientes o fríos.

¿Lo sabías?

La cocina rusa incluye más de cien platos diferentes hechos con papas.

El trabajo

Las industrias principales rusas incluyen la producción de carbón, gas, petróleo y metales; construcción de barcos, aeronaves y maquinaria; y procesamiento de químicos y alimentos. Rusia también tiene fábricas de **textiles** y productos electrónicos.

Siberia es un área minera rica en minerales. Este hombre trabaja en una mina de níquel.

Esta mujer trabaja como mesera en un restaurante de San Petersburgo.

¿Lo sabías?

Los trabajos más populares son ventas y programación de computadoras.

La mayoría de la gente de las ciudades rusas trabaja en **industrias de servicio**, como bancos y compañías de seguros. También trabajan en escuelas, hospitales, restaurantes y hoteles.

La industria turística rusa crece rápidamente. Recorridos por la ciudad, cruceros por el Volga y viajes en el tren Trans-Siberiano son populares entre los turistas. A muchos les gusta comprar artesanías rusas tradicionales, como muñecas de madera y cajas y huevos pintados decorativos.

La diversión

A los rusos les gustan muchos deportes. En verano todos ven el fútbol. En invierno muchos disfrutan del hockey sobre hielo, patinaje y deportes de nieve como el esquí. El ajedrez también es popular en Rusia y muchos pertenecen a clubes de ajedrez. En las ciudades la gente disfruta del ballet y el teatro.

Los bailarines bailan danzas de ballets famosas como El lago de los cisnes en todo el mundo.

Esta danza tradicional tipo ronda es parte de una celebración del festival de invierno en San Petersburgo.

Cada año se lleva a cabo un festival de invierno del 25 de diciembre al 5 de enero. Los rusos celebran con danzas, recorridos en **troika**, y concursos de la mejor escultura en hielo. También patinan.

¿Lo sabías?

En Rusia la Navidad se celebra el 7 de enero.

Rusia: Datos

• Rusia es una república. Está compuesta de muchas ciudades, regiones y 21 repúblicas más pequeñas.

• Rusia es el país más grande del mundo, con un área de cerca de 17 millones de kilómetros cuadrados (6.6 millones de millas cuadradas).

• En Rusia el presidente es el **jefe de estado** y dirige el gobierno. Las leyes las hace un grupo llamado la Duma de Estado.

• Hasta 1991, Rusia fue parte de la Unión Soviética junto con otros catorce países. Algunos de éstos son naciones independientes.

La bandera rusa tiene franjas anchas en blanco, azul y rojo.

Esta iglesia decorada con una cúpula, está en una aldea pequeña. Algunas aldeas rusas tienen hasta 30 iglesias.

¿Lo sabías?

Rusia tiene más de cien parques nacionales y reservas de la vida silvestre. El gobierno cuida mucho las áreas silvestres.

La moneda de Rusia es el rublo.

Glosario

capillas – edificios o habitaciones usadas para rezar

coníferas – describe árboles que tienen hojas en forma de aguja

contaminación – suciedad del aire, tierra o masas de agua causada por desperdicios o químicos de la gente o las industrias

costumbres – maneras de hacer las cosas que se han transmitido durante muchos años

encurtido – alimento mantenido fresco y al que se le da sabor almacenándolo en vinagre

grupos étnicos – grupos de personas con los mismos orígenes nacionales, idioma, religión o cultura

iconos – obras artísticas religiosas pintadas en tablas de madera

industrias de servicio – empresas que sirven a la gente en contraste a las que hacen objetos

industria forestal – labor de cultivar y cuidar árboles para obtener productos de madera y papel

jefe de estado – representante principal de un país

Kremlin – edificios del gobierno ruso en Moscú. También se le llama así al gobierno ruso.

musulmanes – gente que cree en la religión del Islam

níquel – metal duro de color plata

repúblicas – gobiernos en los cuales las decisiones las toman la gente del país y sus representantes

santos – ángeles o gente muy buena que ha muerto y a quienes les rezan por su santidad

subártico – el tipo de clima o paisaje que se encuentra junto a la región ártica

suburbios – áreas fuera de grandes ciudades donde hay más casas que apartamentos

textil – hebras, hilos, materiales o ropas tejidas, y telas

trajes típicos – tipos especial de vestidos que se pasan a otras generaciones durante años en un país en particular

tranvías – vehículos parecidos a los autobuses o trenes

troika – trineo para transportar gente, jalado por tres caballos

trolebuses – autobuses impulsados por electricidad

Para más información

Kids Culture Center: Russia
www.kidsculturecenter.com/russia/russia.htm

Scholastic Global Trek: Welcome to Russia
www.teacher.scholastic.com/activities/globaltrek/destinations/russia.htm

Time for Kids: Russia
www.timeforkids.com/TFK/hh/goplaces/main/0,20344,595847,00.html

Nota del editor para educadores y padres: Nuestros editores han revisado meticulosamente estos sitios Web para asegurarse de que son apropiados para niños. Sin embargo, muchos sitios Web cambian con frecuencia, y no podemos asegurar que el contenido futuro del sitio seguirá satisfaciendo nuestros estándares altos de calidad y valor educativo. Se le advierte que se debe supervisar estrechamente a los niños siempre que tengan acceso al Internet.

Mi mapa de Rusia

Fotocopia o calca el mapa de la página 31. Después escribe los nombres de los países, extensiones de agua, regiones, repúblicas, las ciudades y montañas que se listan a continuación. (Si necesitas ayuda, mira el mapa que aparece en la página 5.)

Después de escribir los nombres de todos los lugares ¡toma algunos crayones y colorea el mapa!

Países
Azerbaiyán
Bielorrusia
China
Corea del Norte
Estonia
Finlandia
Georgia
Kazajstán
Letonia
Lituania
Mongolia
Noruega
Polonia
Rusia
Suecia
Ucrania

Extensiones de agua
lago Baikal
mar Caspio
océano Glacial Ártico
océano Pacífico
río Volga

Regiones
Siberia

Repúblicas
Karelia

Ciudades
Moscú
Nizhny Nóvgorod
San Petersburgo

Áreas de tierra y montañas
montes Cáucaso
montes Urales
Tundra
cordillera Verjoyansk
cordillera Yablonovi

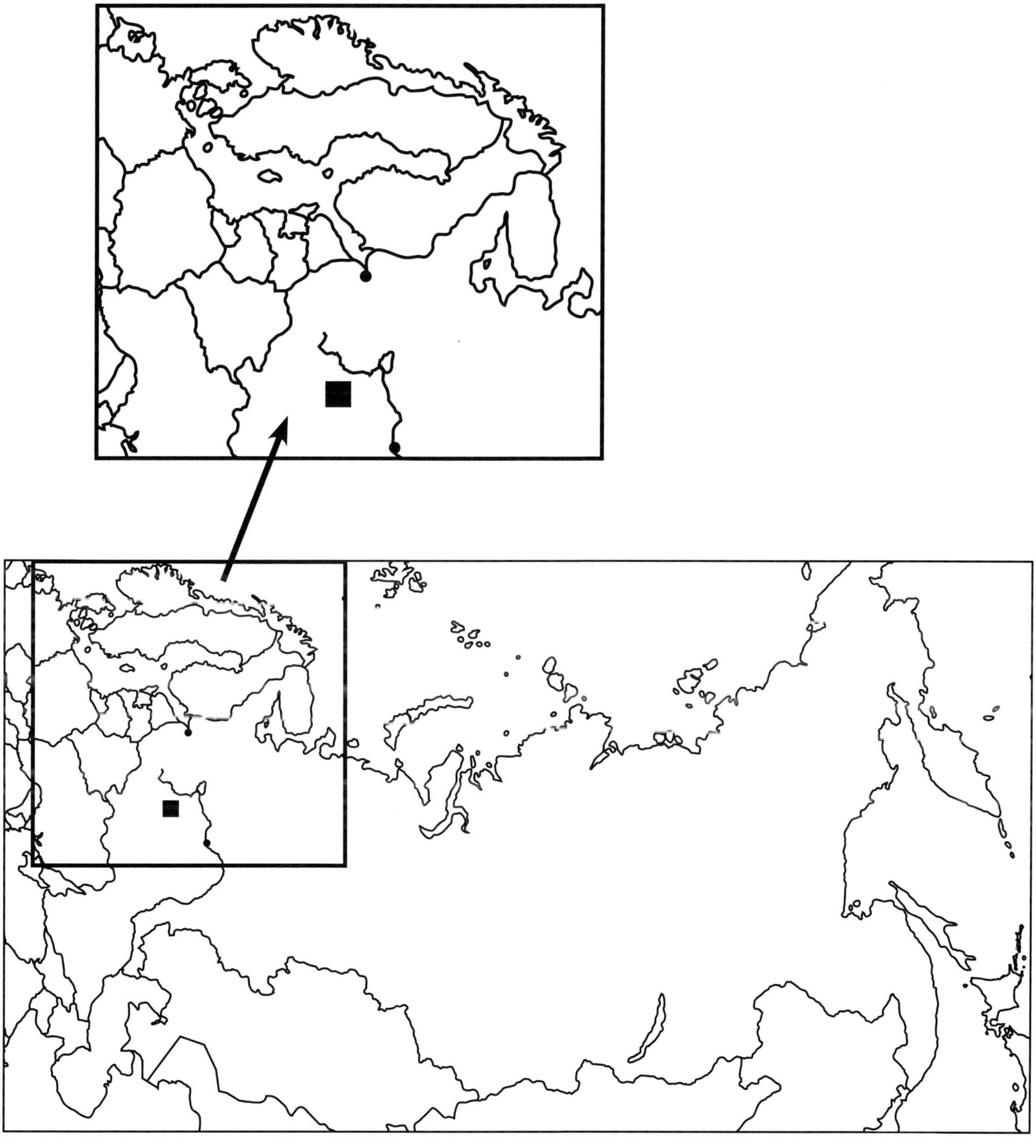

Índice